Kim Hyo-Joong

시인 김효중

화살, 그리움을 쏘다

김효중 시집

화살, 그리움을 쏘다

Poetics 시학

■ 시인의 말

세상의 모든 것이 나에게는 그리움과 고마움의 대상이다. 그래서 그 대상에 가까이에 가서 그들을 살며시 엿보고 그 몸짓 하나하나를 나의 언어로 표현해 보려고 애쓴다.

젊은 날 가족과 함께 수학여행을 하듯이 다녔던 드넓은 바깥 세계를 다시 한 번 떠올리며 그 풍광을 어린아이의 마음으로 그려 본다거나 좋아하는 음악 세계 속으로 혹은 그림 속으로 깊이 침잠해 보기도 한다. 플로베르의 일물일어설을 늘 떠올리면서 하나의 언어를 붙잡고 뒹굴다가 끝내 마음에 안 들어 미련 없이 버렸다가 이내 다시 끌어안는 몸짓을 수없이 반복한다. 이 작업은 나의 인생 후반부를 줄기차게 끌고 갈, 즐겁고도 행복한 고민거리가 될 것이다.

이번에 두 번째 시집을 내놓는다. 여기에 실린 작품들은 아직은 가녀린 새싹에 불과하지만, 나의 분신과도 같은 소중한 것들이기에 연민의 정을 떨칠 수 없다. 무엇보다도 내 곁에서 나의 어눌한 솜씨를 칭찬하고 격려해 주고 있는 나의 가족에게 늘 감사한다. 칭찬은 고래도 춤추게 한다고 했던가?

시의 길은 아직 멀고도 멀다. 좋아서 택한 길, 가고 싶어 가는 길, 끝까지 가고 싶은 길이기에 오늘도 나는 그 길을 기꺼이 걸어간다.

2011년 여름
김효중

차 례

제2부

제3부

제4부

제1부

시詩는

부처님[寺] 말씀[言]입니다

참스승

빛나는 거울은
허상을 깨고 실상을
보라 소리치고
흐르는 물은
집착을 버리라 조용조용 타일러 주네

세상은 · 1

가면극의 무대라네

세탁소 옷걸이

착각하지 마라

삶은

걸림돌을 디딤돌로
만드는 것이라네

사랑은

깨어진 그릇
에도
담을 수 있다네

오묘한 삶

위에 견주면 한없이 모자라고
아래에 비하면 한참 남는 장사라네

나눔은

남음의 나눔이 아니라
없음의 없앰이라네

슬기로운 삶은

지독히가 아니라
지극히 살아가는 삶이라네

물고기는

늘 깨어 있지만
물을 못 본다네
영적으로 잠든 인간이
무엇을 볼 수 있으랴

미래의 마중물은

기도는
미래의 마중물이어니
급하고도 중요한

풋사랑은

마음의 문을 열었다
닫았다 하는 열쇠라네

믿음

— 믿는 이에게는 모든 것이 가능하다 —

가진 것이 있어야 믿는 것도 있다네

세상은 · 2

외면보살外面菩薩의 놀이터라네

보청기는

힘센 자의 필수품이라네

돋보기

벗으면 내 얼굴은 더 예뻐 보이고
쓰면 내 저금통장은 크게 안 보이네

제2부

빛의 춤사위

보송보송 햇밭 별밭 하늘 이고
연못 캔버스 위에
그물그물 필치를 타고 내려와
물거울 수채화로 떠오르네

밝아 오는 아침이면 푸르레
한낮 진초록 석양녘 불꽃으로
너울너울 타오르다가
밤이면 고요 속에 숨어드네

태양꽃은 다시 떠오르고 작은 생명
시시각각 그 형상 신비롭게 변하는데
순처녀 생가슴 드러내고
색바람이 펼쳐내는 우주의 무도회

---

* 모네의 〈수련〉.

바다는 날마다 뜨개질을 한다

지중해 청옥빛 바다를 화폭에 담아보려
한밤 내내 뒤척인다
늦잠에서 깨어난 피카소
시간의 풍차가 엮어 내는 물결무늬를 바라본다

안으로 얼어붙는 외롬을
언어의 뜨개질로 풀어내려 하는가
연둣빛 새벽 그리움을 예견하여
온몸 화르르 희열에 떤다

시가 그림 되고 그림이 시 되는
꽃시절 얼음아픔의 미로를 헤매다가
이웃고 일렁이는 가슴파도
연둣빛 바람으로 말끔히 씻어 낸다

하늘 꽃길을 열고

보일 듯 말 듯 달빛은 색바람에 미끄러지고
잔조로히 물결은 파도 타고 내려오는데
색깔들 잔치에 초대받아
나는 그저 행복하기만 하다
마음 시름 몸의 기쁨 다 풀어내면서

분홍 보라 파랑 꽃송이 봄길을 지나
여름의 노랑 햇비 쏟아지는 벌판을 가로지른다
가을의 빨강 주황 포오란 잎사귀들 맞이하는
하이얀 겨울 눈꽃들
색깔들 빛무리 되어 소용돌이친다

연인들 얼굴 서로의 가슴에 묻고
저 하늘 우주의 교향곡을 듣고 있다
어릿광대는 꽃을 꺾어 우주밭 가득 뿌리며
꽃길을 열고 세상은 온통
초록기쁨 아지랑이로 피어오른다

---

* 샤갈의 〈연인들〉.

슬픈 이야기 아르대는데

지평선 너머 저녁살 사라지는 들녘에서
시름진 부부 고개 숙여 땅에게 기도하네
아름찬 추수 후의 흔들리는 고요와 평온
그 저편에 슬픈 이야기 아르대는데

피疲로운 땀몸 그 영혼 깊으메라
아스무리 교회당 저 멀리 감도는 경건의 너울
꿈 희망 유토피아를 기루던 바로 거기
씨감자 심어 놓고 한겨울을 버텨 봄을 기다려 온 두 사람

바구니 속 함초롬히 담긴 감자씨 밭일 도구들
그 안에 든 건 사랑꽃 아기의 싸늘한 주검
아기는 배고픔의 고랑 속에 죽음을 이기지 못했네
경경열열 부모의 속울음 바닷물로 넘쳐흐르는데

---

* 밀레의 〈만종〉.

세계일화世界一画

라파엘 가슴밭에 슴배인
고르로운 여인상
성모님 마음 하늘로
떠나가는 꽃마음 돛배

지옥세상 눈물눈물
삶의 무놀 봉머리로 솟쳐도
하늘 등불 밝혀 가니
영혼의 생기가 빛여울친다

* 라파엘의 〈시스틴 성모〉.

아가, 아가나무야

상글히 웃어서 드맑고
앙앙 울어서 곰살맞다
원죄도 본죄도 없는 아가야

저 햇살 스며드는 나뭇잎사귀의
눈부신 하늘
초록별로 떠올라라

우주꽃만을 오롯이 품어 안은 아가야
너는 빛꽃이리니 땅속 깊이 뿌리 내리고
우거진 잎 하늘로 뻗쳐 가는
크나큰 빛나무로 자라나거라

너의 작은 몸이 우람해져도
네 입술에선 샘물노래 마르지 않고
물 흐르듯 강물처럼 살아가거라 아가야
백년을 늘 지금같이만 살아가거라

나팔귀 열어
— 능소화에게

8월의 폭염 속에서 외로메로
한 송이 꽃나팔 불어 대는구나
너의 감홍빛 얼굴만큼
세상에 서글은 것 있으랴

마지막 피 한 방울까지
꽃가루 갈고리에 뿌려놓아도
너, 원통세월 젖어 든 아픔
어찌 사그라들 수 있겠느냐

가파른 어둠 벼랑을 타고 올라
오가는 이 하나 없는 하늘턱에 이슷이
기대지 않고서는 설 수 없는 땅에서 꽃문 열고
서로의 어깨에 손과 팔을 겯고 틀면서

해종일 네 꽃모가지 하늘 높이
그대 모습 발소리에 나팔귀 열어
기다림에 울어새이는 너의 넋은
한 송이 능소화로 솟음치누나

꽃이팔 하르르 시간을 흘려보내네

바람 후드득 세월을 스쳐 가고
아지랑이 아슴아슴 사라진다
잎맥 사이 가녀린 숨구멍들 파닥파닥
꽃이팔 하르르하르르 쏟아져 내린다

밟으면 쑤욱 바람 몰아쳐도 기운 펄펄
넘어지면 일어서고, 쓰러져도 다시 서는
생명의 오뚝이 잔디 푸륵푸륵
그 위를 걷노라니 온몸에 생명율감 자릿자릿

세계일화世界一花, 장미에게

너의 앵두가슴 꽃몽오리
너만의 향맑음 꽃무늬 하나 되어
풋마음으로 날 감든다

너의 신비로움에 시간은 멈추고
떠가는 구름도 길을 잃는다
거룩한 성자가 흘리는 피의 물보래

모람모람 꽃몽울 펴다

속살 감추고 꽃몽울 모람모람
꽃문 벙그니 향맑음 그늑하고
하얀 꽃길 목련 호롱불 밝히는데
꽃 지고 잎 나오니 또 한 생애라

자연의 시새움도 네 순처녀
생가슴 범접치 못하리니
세월의 무게에 네 모습 시들퍼도
네 맘세만은 늘 향초로워라

사계의 노래

봄수레 끌고 오던 매화 벚꽃 모란 꽃잎살 시들어 가니
진달래 영산홍 라일락 꽃송아리 향그러움 진진하고
봄의 전령 찔레꽃 방싯방싯 한 우주를 열고 있네

여려한 초록융단 파릇파릇 펼쳐 내니
사과 배 복숭아 영그는 소리에 훨훨 나부춤 추고
소낙비 그친 후 풀향기 폴폴 여름사랑 품어안네

쑥부쟁이 코스모스 가을꽃떼 가을 살결 드러내니
산드란 바람 가을사랑 싹터나고 들판엔
땀몸 농부들 홍그레 취하고 산뜰 발그레 물들어 가네

싹쓸바람 겨울 가랑잎 이륵이륵 나동그라지고
겨울 비구름떼 으슬으슬 처마 끝엔 고드름 달래달래
눈꽃 치운데 납월매臘月梅 몇 송이 퍼언히 벙그네

사람 사이 얼음꽃만 화안히 피어나고

ONE-WAY TICKET

흐던하게 피어나던 꽃살들
간밤 세굳찬 비바람에 떨어져
희뿌연 숫꽃눈길 이루었네

꽃니풀은 발길에 차이고 짓밟혀도
서글지 않다네
기다릴 봄이 있기에

우리의 삶은 언제나
One-way ticket 여정旅程인가

가슴파도 생멸생멸

어느 누군가 무섬무섬 내뱉은
허랑한 말 한마디 허공을 맴돌다가
내 가슴밭에 깊숙이 뿌럭지 내린다

하늘 지옥문 오르명 나리명
가슴파도 생멸생멸하는데
폭포수 소리 해정한 조약돌
물나울 일렁일렁

물거울 속 참나는 보일락 말락
내 가슴기슭에 불노을 물들 때
해아침 화안히 밝아 온다

아드리아 바다는 오르간을 켜다

오늘도 자다르 바다는 파도보래에 실어
저음의 음표들을 파이프 오르간에 꽂는다
일렁흔들 황혼밭 수평선 위에 꽃불을 밝히고
바람결에 묻어오는 선율 따라 춤사위가 펼쳐진다

영원과 찰나를 잇는
파도의 바람 소리
바람의 파도 소리
화엄황혼 꽃무늬 피어난다

아드리아 해가 펼쳐 가는 여려한 색깔 소리 드라마
바다가 펼치는 빛무리 색바람의 칸타타
달마티아 석공들의 혼불 담은 돌계단 타고
자다르 해변의 시든 꽃등걸을 깨워 일으킨다

곤돌라 물보래 속에 흩날리고

아드리아 해안의 파르롭은 진주, 베네치아여
고귀한 삶 섬세한 자연의 조화로움 더불어
아슴아슴 피워 내는 이 세상의 아름다움을
산마르코 광장 보지 않고 누가 말할 수 있으랴

황금빛 바실리카에 세월의 물무늬 출렁이고
초승달 석호에 별빛 아몰아몰 부서지네
프라스코 아이콘 햇빛신부로 빛나는데
길쭛한 물결 따라 궁전들 꽃으로 에후리었네

흐르는 물 나훌대며 부딪히며
다시 만나 만 리 길 이루어 가는데
지난 시간들 잠깨어 숨 고를 때
'한숨의 다리' 에 빛과 어둠그늘이 여울지누나

골목마다 칸초네 돛배처럼 출렁이는데
가슴으로 읍저리는 슬픈 사랑이야기
물기둥 하나마다 별떨기 잠드는데
천년 곤돌라 물보래 속으로 감실감실 사라져 가네

백야의 베르겐 해변에서

바다의 물마루 파르므레 해안을 감싸들고
새벽 고절孤絶 명상에 싸여 있는데
어디선가 솔베이지 송 피오르 들렛가
잿빛 하늘을 말갛게 들어올리네

산등성 위 뾰족지붕들 다닥다닥
독일풍의 목조 건물들 솟음치고
베르겐 해변의 어깨에 선율을 기대고 서서
세월세월 오늘을 흘러가고 있네

그리그의 트롤하우젠에선
지칠 줄 모르는 멜로디의 꽃떨기가
천년을 하루같이 피어올라라
니나와 걸었던 산책로만
백야에 꿈길을 화안히 열고 있네

비 내리는 피아골을 가다

찬비 내리치고 매화 바람 사나워
앙버티는 가녀린 꽃망울들
새앙눈 뜨고 세상을 내다보는 생쥐들

작은 빗방울들 빗금으로 내리쳐
나뭇가지에 떨어져 바로 피는 비수정꽃
이내 비 그쳐 안개 걷히면
나뭇이팔 꽃눈으로 반짝인다

눈의 무게를 담고
외로움 의초롭게 견디는 자연의
보석정원 지리산 피아골을

자연의 보석상자여

에게 바다 하얀 진주 해정한 산토리니 섬
해으럼 발그레 하룻한 지붕들이 반짝인다
시간의 무게가 느긋한 포만감으로 나를 감싸고
해름참 달무리 선연하고 피라 마을로 가는
바느질 땀 가파른 꽃계단을 나귀로 오르네

울타리 창문 계단 소롯길 각양각색
자연과 정다히 조화를 이루었네
마음 비운 마을 사람들 하얀 동화 마을
아틀란티스 하늘 이고 문명의 꽃 피워 온
수줍고 풍등한 산토리니 섬 순박한 사람들

안고 있는 모든 것 다 내려놓고 하밝은 풍광
내 마음 비워 가득 채우고 지중해 햇덩이 삼키니
비자니는 내 안에서 나를 흔드는
장엄한 자연의 보석상자여
나도 그 풍정風情의 일부가 되어 나붓기고 있네

황홀한 몰락

태양의 바다 노아의 방주 두브르브니크
희끄무레한 성벽 안 고풍의 대리석 건물들
문화의 꽃밭 그 향미로움 실바람에 희날고
옛이야기 스민 습습한 소롯길에서
연인들 살포시 어깨를 포개고 있네

고청빛 성당 수도원 어둠살에 웅수리고
아아라한 종탑 종소리 천년 성벽을 깨뜨리네
해질낭 아슴한 장막이 감드는 쪽빛 바다
발그레 물든다 지상의 낙원 두브르브니크
세상의 모든 것 황홀한 몰락일 뿐

제3부

순례길

길은 아마득하고 어즐은데
숲이 깊어 길을 지워 버리네
해종일 귀 열고 들길을 가는 꽃숭어리
천년 별빛의 향깃함이 묻어난다

산티아고 대성당 안에선
순백의 빛여울 화살짓는데
천품한 야고보 성인 반지라운 제단에서
눈빛으로 녹슨 철길가슴 열어 보이네

걸음걸음마다 되살아나는
번뇌와 욕망 매캐한 삶의 청솔가지 태우는
기억들 지우고 또 지워 보며
가지록 뜨겁게 달구어 가는 내 초라한 가슴길

서라벌 하늘 이고

팔공산 산자드락 사과밭 지나
서라벌의 정기 어린
거조암 뜨락에 해가 뜨면
천년 세월을 한눈에 읽는다

숨결 지혜 맑고 밝아
그 향글함 아슴아슴 온 방에 가득하여
풍상 세월 구도와 참구로
으긋이 향촉을 밝혀 왔네

오백 나한 한 생애
그 깊고 넓은 나한의 사랑
순금의 광채로 뿜어 나와
별꽃으로 떠오르는데

보랏빛으로 출렁이는 가냐른
나의 영혼 날개옷 그리워
머잖아 눈부신
꽃숭어리 펴 보이리라

아기장미꽃 벙그네

사방 음삼하고 곤죽길 흐득이는데
바람은 가냑한 아만드꽃살 찢고
양떼들 송곳바위 가막덤불 헤치며
오솝소리 눈물길 크리자밧 산에 오르네

십자가산 중턱에 핀 너울꽃 성모마리아
무지개다리 건너 메주고리에 작은 마을
여섯 순애기들 속가슴에
훗훗한 아기장미꽃으로 벙그네

꽃길 불빛잔치에 비뚤어진
시간들 바로 잡히고 혼매한
영혼들 세찬 빗발 속에서
가슴 후려때리며 허기진 목을 추기고 있네

풍경 소리 부처님 나라 퍼 나릅니다

선암사 무우전 돌담길 향초잎 흐벅흐벅
영산홍 발그레 갓 벙글어지면서
법문 주고받으며 입술 다물 줄 모릅니다

수백 년 매화향 고와 부처님 실눈 뜨시는데
해설픗 빨가장이 타오르던 붉살 사그러지자
매화 바람 풍경 소리 부처님 향기 실어 나릅니다

매화향 짙어 가는 산사의 밤
무심히 내리는 는개비에
내 마음 붉으레미 젖어 흐릅니다

눈안개 걷혀

눈물 마음 우물에 고인 채
세상을 보고
눈물 뒤의 삶의 무게
산봉올로 솟아오르는데

기도와 염원으로 농익는 내 속품
금세 화엄등불 밝혀지니
눈안개 걷혀
모든 것 있는 그대로 바라보이네

세상에는 길나장이 무진 많지만
십자가 골고다의 길은
들을 줄 아는 자의 가슴빛으로만
눈 보이고 귀가 열리네

천년 고요 속으로

태양의 언덕 천년 쌓아 온 빛떨기 위로
알함브라 궁전 별밭으로 솟아오르네
천사가 내려와 사흘 밤을 지었다는
전설과 현실이 어울려 사는 붉은 궁전
알함브라, 천일야화가 들려오는 곳

아취형 문살 사이 벌집 모양 빛무리 떠오르고
아랍 꽃시절의 의희한 기억은
중세의 고요 천년 속으로 빠져드는데
열두 마리 돌사자 분수의 물보라는
숲속 한밤의 대리석 정적을 깨고 있네

오늘도 섬훌한 궁전 이야기는 이어지고
천상의 꽃늪 정원에 풀잎바람자락 산드랗다
지빠귀새 진종일 '알함브라 궁전의 추억' 을 조잘대
는데
뜬 세월 그리움 흰구름만 섭쓸고 흘러가네
아, '에메랄드 속의 진주' 알함브라

나, 이렇게 어둡고 밝은 것을

세상살이
쉬운 듯 어렵고
어려운 듯 쉽다 하네

집착에서 벗어나면
욕망과 번뇌
아침 이슬처럼 사라지는 것을

허무의 그림자 껍질의 굴레
봄눈 녹듯 사라지니
이 세상 이렇게 어둡고 밝은 것을

노아의 홍수처럼

뜬금없이 태풍 몰아치며
시퍼런 불꽃칼날 내리친다
산허리 동강 나고 강둑 와르르
세상의 꽃나무들 몸불 앓았네

폭풍에 갈기갈기 찢기는 이 풍진세상
바깥 하늘 바라보며
사람들 빈 가슴 쓸어내리는데
노아의 방주를 떠올리며
방만했던 어제 오늘을 되돌아보네

다람쥐 도사리 발걸음

흐드기는 산그림자가 절마당을 덮으면
귀뚜라미는 어둠운판을 깨뜨리고
가을문을 지긋이 여는 도사리
다람쥐 바쁜 발걸음을 재촉하네

밤새 물고기 등살에 부대끼는 바다는
깨어 있는 이들의 새벽 가슴을 훑고 간다
날이 밝아 한 무리 새떼 후르르 날아와
아픈 이들 가슴에 햇살둥지를 트네

살아남는 것에 대하여

홀로 날고 있는 저 갈매기를 보아라
어느 날 무리 속에 몸을 숨겨
눈에 띄지 않는다 하여
꿈을 접은 것은 아니러니

갈매기는 알리라
그의 천적이 우글거리는
하늘을 혼자 날다가는
꿈을 이루기도 전에
스러지고 말리라는 것을

사노라면
삶의 냉혹한 순환
어쩔 수 없는 때가 있거니
강한 것이 살아남는 것이 아니라
끝까지 살아남는 것이 강한 것이러니

까마귀 홀로

낮은 거멓고 밤만 하얗게 밀려온다
도심의 불빛들은 야멸차게 타오르고
욕망의 불꽃은 거세게 솟아오르는데
아득한 하늘 까마귀 홀로 하품한다

뜨락엔 라벤더 꽃향 비로소
제 색깔 제 자태 드러내며
상그러운 수액 타고 올라와
세상의 먼지 티끌을 잘게 부숴 준다

어디선가 향글하고 따수운 꽃가락
그 속살 헤집고 흘러나와
평화 없는 고요의 깊이까지
빨아들이고 있다 눈물겹다

내 마음은

아침마다 마음의 창을 닦는다
한세상 살아가노라면
가슴에 서리치는 날 많거니
마음 창에 낀 성에 말끔히 닦고

가을날 서릿길 나는
기러기 마음으로
머언 길을 아주 나지막이
조용히 날아가리라

사람이 사람의 꽃이 되어
—고故 이태석 신부님을 기리며

— 가장 보잘것없는 이에게 하는 것이
나에게 하는 것이다 —

헐벗은 땅을 지킨 고르로운 죽음이여
한센인들 흘린 눈물 꽃몽울로 피어나고
브라스밴드 아이들 합주 해여울로 일렁이니
영성의 불 지펴 마음의 맑은 눈 뜨네

말보다 손 주고 손이 못다 한 말 몸으로 사루고
이승의 인연 의초롭게 나누면서
사랑하는 마음이 더듬어간 하늘의 문
하느님의 내해內海 초록 영혼 별로 떠오르네

포도나무 인간

태초에 노아가 심었다는 포도나무
천년 하루가 산줄기 타고 내려와
향그런 물꽃으로 출렁이네

— 물을 포도주로! —

가나의 혼인잔치에서
예수의 기적은 매일
하늘길 걷는 이들에게 열린다네

열매 맺지 못하면 버려지고
썩어도 고귀하다는 너, 포도는
그리스도의 성혈로 구원의 빛보래 되리니

하늘이 내린 고귀한 선물
포도는 마루 벽 가구 동전 묘비
백자白磁에도 풍요와 축복으로 태어나네

— 나는 포도나무요 너희는 가지로다 —

우리에게 언제 일치의 삶이 오려나

사람 그리워

황진풍진 가득 들썩이며
몽고바람 불어오는데
애살프시 나는 숲새 한 마리
흐트러진 몸 매무새 잠시 가다듬고
무언가 그리워 지상 위를 맴돈다

마침내
차갑고 푸른 하늘 속으로
포르르 포르르 솟아오른다
어두움이 밀려와 바다가 설레를 치면
밤하늘에 다시 떠오르는 맑은 샛별을 본다

Swallow, swallow

제비가 처마 밑에 둥주리 트는 것은
swallow, swallow
사람에 대한 미안닦음 때문이 아니라지
진흙 너훌어 침 섞어 둥우리를 지으니
얄상한 네 몸 어디서 그 크낙한 힘이 솟아나느냐

사람을 사랑하는 너, 부활의 표상 제비야
swallow, swallow
예수님이 십자가에 못 박혀 돌아가셨을 때
— 걱정 마라 걱정 마라 — 고 울었다지
영혼을 판 인간이 널 버린 것이 아니었겠니

가녀린 날개 화알짝 펴고 잿뜨시 날아다니는
너는 먹어도 먹어도 배고프다고
swallow, swallow

너와 사람 사이에 언제 따시한 세상 오려나

제4부

소금의 성 잘츠부르크

소금의 성 '북쪽의 로마' 잘츠부르크
모차르트가 있어 음악이 되었다네
여기 모차르트 생가에서
흐르는 교향곡을 기려워하며
그의 세월 속으로 걸어 들어가네

호엔잘츠부르크 성 아래
잘차흐 강 모차르테움 음악원
굽이돌아 도도히 흘러
어제도 오늘도 모차르트 세레나데
한 생애를 실어 나르네

자유분방했던 모차르트
그가 즐겨 찾던 카페 '토마셀리'
오늘도 그 커피 향 그리워져
사람의 물결 북적이는데
어린 모차르트가 웃고 있네

조국의 별 가슴에 묻고

바르샤바 찌푸린 하늘에
산맥은 와들와들 몸을 떨고
진눈깨비 소용돌이 휘몰아치네
마른나무 가지에선 까마귀 까악까악
빈 들판엔 폭풍우 쏟아져 내리고
하늘과 땅이 흐드긴다

고향에 두고 온 부모님 얼굴
어둡고 아픈 눈에 울음꽃 어룽어룽
나라 잃은 분노 타국에서 으릇함만
오선지 위에 슬픗 녹아내린다
피아노 건반을 부수는 울부짖음
한 줄기 열정으로 승화되었네

조국의 별 폴란드 핏줄 사랑
평생 품고 다닌 한 줌의 흙은
아버지의 나라 그 무덤 위에 뿌려졌네
'피아노의 시인' 쇼팽을 찾는

비바람에 젖은 여인들의 예든 길에
뜨거운 열꽃 폭풍우만 가슴을 타 내린다

* 쇼팽의 〈혁명〉.

마음 하늘 오로라 푸여나네

하늘 올려 보며 가슴 악기 울려
고음의 한 옥타브를 빚어낸다
알로이시아 베버를 향한 막무가내 열정
오선지 위에 몽올몽올 피어오르네

바이올린 오보에 서로 팔과 허리를 휘감고
온갖 악기들 간조롱히 다투어 뽐내다가
플루트 홀로 아름슬픈 샘물 퍼올린다
이윽고 알레그로 절정을 치닫다가

긴 흐느낌 아슬아슬 몸 떠는 소리에
눈망울 촉촉이 젖어드는데
살틀히 못 잊을 알로이시아 그 이름
마음속 오로라 하늘로 푸여나네

---

* 모차르트의 〈플루트 4중주〉.

하늘정원을 싣고

고울사 숨죽여
울려 나는 낭랑한 꽃보라는
안단테 안단테로 흘러넘쳐
샹그릴라 하늘정원 펼쳐 낸다

별물이랑이 뿌려 내는 빛다발 위로
나훌대는 사람들 내면의 흐득임
천상의 세계가 열리고
시간이 멈춰 버린다

브루노 발터의 지휘봉에
숨결 고른 눈물기둥 세워지고
시공을 타고 구름을 넘어
꿈하늘을 솟아 솟아 올라라

---

* 모차르트의 〈피아노협주곡 21번〉.

물방울 함성보라 가득한데

스멀스멀 어깻죽지 가려운 새들
트릴과 스타카토로 퍼들기며 재잘대고
산들바람 해적해적
샘물 돌돌돌 솟아 흐르네

겨우내 숨죽이던 작은 생명들
일제히 튀어나와 온몸으로
봄을 맞는 갈채 소리
전신에 번지는 초록 불 기쁨 소리 없는 함성
햇살 포시럽게 쏟아져 내리는 들녘엔
양치기 삽살개 해그늘에 졸고 있네

조용하던 하늘 어두워져
번쩍 천둥 번개 불빛 터지네
폭풍우 한바탕 심술궂게 지나가고
구름 개자 샘물 다시 졸졸졸
힘스레 흘러넘치는데
이윽고 숲속 물방울들이 펼쳐 내는 춤사위

허공을 짖는 개
비올라 선율에 몸을 싣고
백파이프의 신명 나는 가락에 흔들흔들
목동들의 피리 소리 두들삭 소리 소리들
황홀하게 우주 열리는
아, 경이로움이여

---

* 비발디의 〈사계・봄〉.
 첫 시집에 이미 수록된 것인데, 〈사계〉 연작시의 일환으로 재수록함.

햇씨 쏟아지는 벌판에서

와와 초록 들판에 풀 내음 흐벅차고
함박 불볕더위 사람들 얼굴엔 소금꽃 피워 낸다
먼 숲 뻐꾸기 울음소리 이 산 저 산 산그물 쳐 대고
산비둘기 방울새 질세라 재재거리네

트레몰로 빗방울 빠르게 질주하고
아다지오 프레스토 갈마드니
와르르 음계 쏟아져 내려
온 세상 화음 일시에 깨뜨리네

얼굴 붉은 양치기 마음밭에 폭풍우
난데없는 천둥소리 우르르 쾅쾅
성난 하늘 요동치는데
들짐승 무리 아르렁아르렁

빠른 손놀림 활과 현 분주히 나명들명
고음의 소리들 어깨 나란히

비스듬히 퍼붓는 하행 패시지
아름차게 가슴 과녁에 꽂혀 오네

---

* 비발디의 〈사계 · 여름〉.

풀피리 마적, 숲속으로 달려가네

풍양한 추수철 달도 별도 옹골찬데
가을걷이 끝나 집집이 떡메 치는 소리
흐므진 포도주 삭글한 민속춤 가락에
흠뭇넉넉 춤사위도 한판 어울어져
세상은 온통 한마당 노래판이라네

옥타브 굽이쳐 올라갈 때마다
화음 새떼들 표표히 흩어지고
트릴과 꾸밈음에 잔치 더욱 홍그러워지는데
연주는 페르마타 잠시 뚜욱 끊긴다
푸나무 향기 상깃하고 색바람결 산들하여
사람들 등걸잠에 빠져드네

동틀 녘 사냥꾼들 풀피리 마적을 불며 숲속으로 달려가네
짧은 박자 음표들 쫓기는 짐승들 바짝 추격하는데
지쳐 버린 짐승들은 마침내 헐떡이며 쓰러진다

활과 현의 크레센도 온갖 소음 들썩이는데
유쾌한 춤곡이 아득아득 꽃길로 이끌어 가네

* 비발디의 〈사계 · 가을〉.

겨울은 아름슬픈 기쁨인 것을

1

발 동동 구르며 쉼 없이 추위를 달린다
짧은 화음의 트레몰로가 반복되는데
맵찬 추위에 위아랫니 맞부딪치며
들들들들 떨고 있네

다시 바이올린 솔로의 선율 타고
방 안 화롯가엔 화안한 동화 세상 펼쳐지는데
바깥엔 겨울비에 나무들의 속살 향그럽고
겨울 풀 잎삭들 피가 돌기 시작했네

격렬한 투티 이어지며 난리 통구리에
미끄러지고 넘어지면서 조심 슬쩍
얼음 위를 달곡달곡 달리네
얼음이 깨져 금이 가네

2

렌토의 E플랫 장조 리듬을 타고 남풍이 불어와
봄이 멀지 않았음을 알리는데
사람들 굳게 잠근 하늘문을 열고
바깥세상으로 슬그러미 걸어 나오네

치열하게 쏟아 내는 소리의 우주 남풍 북풍
일시에 몰아치는 바람 쌈판 한껏 부추기는데
뒤꼍 저편 힘찬 악상의 투티 코다가 끝날 즈음
아, 겨울은 아름슬픈 기쁨인 것을!

---

* 비발디의 〈사계 · 겨울〉.

잠들지 못하는 불꽃을 위한 소나타

폭풍 일어 사방간데 음삼한데
테레제의 정여울 가슴에 흐르네
잠들지 못하는 불꽃구름 줄기줄기 타오르고

테레제, 요제피네 일시에 너웃너웃 거리니
살그만히 찾아든 고요 천만 갈래로 흩어져
깊이를 알 수 없는 슬픔 주머니를 터뜨리네

꽃불 다시 어둔 가슴 쓸어내리고
날카로운 눈빛 꿈하늘을 올려다보며
굽힐 줄 모르는 얼뿌리 곧추세우네

서서히 아르페지오로 힘차게 굽어들며
약진약진 피날레로 꺾어 들 때
숨죽여 뿜어내는 영혼의 외마디 흐느낌

---

* 베토벤의 〈열정 소나타〉.

처녀숲 저편에서

꿈을 이고 달려가는 맑은 호른
플루트와 오보에 서로 눈인사한다
아득한 처녀림 저편에서
아메리카 인디언 가락 열리며 벙글며

다시 호른이 애저린 그리움의 가락으로
피어오를 때 어디선가 롱펠로의
〈하이어워사의 노래〉가 들려온다
불현듯 떠오르는 인디언 영웅의 얼굴들

보헤미아 무곡풍의 론도 즈런즈런
사랑의 빛깔로 얼씬얼씬
드뷔시 드푸른 바다 거기
마음 고픈 고향마을 여릿여릿 다가온다

---

* 드보르작의 교향곡 제9번 〈신세계로부터〉.

꽃마차 세상 속으로

바이올린 봄빛 물결 꽃너울 일렁일렁
꽃나무들 칙칙한 겨울 뿌리 털고
일어나 호흡 가다듬으며
세상 속으로 희맑게 달려 나온다

앞서거니 뒤서거니 봄마차 타고
달려오는 피아노 소리의 파도보래
마악 물오르는 꽃봉오리들 통통 터진다
잽시빨니 달아나는 스케르초 트리오

분분히 흩날리는 론도풍의 꽃바다
훗훗한 봄바람의 밤거리
연인들의 나직한 속살거림을
베토벤은 햇귀로 바라보고 있네

신을 향하여 외치는 하늘의 소리
바로 여기

— 인간은 살아 있다

* 베토벤의 〈바이올린 소나타 op. 24 봄〉.

꽃등불 밝힐 수만 있다면

베토벤 가슴악기에 테레제 불숭어리로
활활 피어오르는 섬홀한 불춤
바이올린 나명들명 가멸한 꽃타래
사풋사풋 나부춤 축제를 벌인다

'아다지오 언 포코 모소' 의 변주곡 이엄이엄
바이올린 현 위에서 외줄타기 하는데
보들언 소릿결 갈마드는 피아노 꽃니풀 섭쓸고
생금빛 늣거운 소리의 축제를 펼친다

그녀를 향한 론도 알레그로 무곡풍 물결파도
산 바다 아울러 아긋아긋 춤추는데
피아노 관현악 차례로 번갈아 긴 트릴
카덴차 매끄름이 고요를 마무리한다

눈 감아도 선히 떠오르는 그 여인
곁에 있어도 사뭇사뭇 애호운 그녀

이 애저린 꽃불춤으로 그의 어둔 사랑
꽃등불 초롱처럼 밝힐 수만 있다면

* 베토벤의 〈바이올린협주곡 D장조, 61번〉.

세계일음世界一音

빛슬픈 주머니 꽃잎알 켜켜이 쌓여
깊깔은 속품에서 비금차게 솟음친다
속가슴살 찢는 아픔 영혼의 은하동굴에서
기쁨꽃 되어 햇살로 피어난다

빛그물 엉켜 올려지는 샹그릴라
온갖 생명줄 함성보라 의초롭게 읍저리니
문화 관습이 달라 냉혹히 갈레지지만
너는 세상을 형제애 하나로 묶는 혼의 등불

물오른 빛샘물 아다지오로 솟음치면서
상글한 시향詩香 함함이 피어오른다
꽃가락 춤사위 힘스레 걸어 나오니
오, 인류를 향한 불후의 대서사시大敍事詩런가

불폭풍 악상樂想이 깜장 벽공을 깨뜨리고
깊이를 알 수 없는 파도보래 일렁혼들

천품한 바리톤 오케스트라 아우름 속에
환희의 송가 온 하늘에 불비늘 뿜어낸다

---

* 베토벤 〈교향곡 9번 합창교향곡〉.

화살, 그리움을 쏘다

파가니니 가슴 현악기가 토해 내는
신음의 꽃마음
비자니는 꽃잎알 한 자락에 실려와
아리도록 속가슴을 파고든다
밝은 사랑은
어둔 사랑도

만남 그 물소용돌이 설렘
몸의 탁류濁流를 말갛게 씻어 올리는데
숨 들이켜면 하늘가락
온몸에 흘러들어
어릴 적 바닷가 햇밭에 출렁이는
하이얀 모래알 나실나실

밤하늘 애연한 별떨기 쏟아지는데
사모의 격정 담은 꽃보라 와르르
아름아름 눈물샘 타고 화려하게 꽂힌다
웃음 울음 함께 안겨 주는

이루지 못한 사랑은

아리아리 꿈속에서 멀어라

---

* 파가니니의 〈사랑의 이중주〉.

무심히 세월만 하고

커져 가는 기억의 무게와 깊이만으로도
오늘을 살아가는 뿌듯함이 있다
이제 훌쩍 시간의 저쪽 물결 너머에
아름다히 슴배이는 선율이 가슴을 저리우는데

피아노 첼로 바이올린 삼중주
사풋사풋 별바람 일렁흔들리고
저 깊은 곳에서 흐들흐들 추억을 펴 올리는
성그러운 물결무늬 첼로의 저음

우주 빗방울 소리

방 안 가득 흐던한
저녁 초록비 소리에 젖어
도처오르는 음악의 수풀엔
아다지오 언 포코 모소로 잔조로히

가없는 흐벅찬 예술혼
베토벤의 피아노협주곡 「황제」
내 속가슴에 폭포수로 쏟아지네
태양을 머금은 저 우주 빗방울 소리

---

* 베토벤의 〈황제〉.

아리랑 웅얼댕이

— 아리랑 아리랑 아라리오
비가 올라나 눈이 올라나 억수장마 질라나 —

아드막하여라 아랑 아랑 아리랑
진도 밀양 정선 아우라지 아리랑 길
허위단심 아리랑 고개 넘고 넘으니
사할린 사막 눈물고개 마를 길 없네

아리랑 아라리라 정선아리랑 슬근살짝
여인네 웅어리에도 박꽃시간 활짝 피어나
정선 읍내 물방아는 물살 안고 도는데
어쩌다 내 한평생 밭고랑만 안고 도누나

아낙네 기둘림 호미자루
굽이굽이 한恨바다 먹장가슴에
웅얼댕이 댕이댕이 박혔네
아리아리랑 스리스리랑 아라리오

— 저놈의 딱따구리는 없는 구멍도 잘 뚫는데
우리 집 서방은 있는 구멍도 못 뚫네 —

불잉글 마법의 꽃너울 수놓고

물방울 얼음고개
숨 가쁘게 펼쳐지는 크로이처 눈보라
피아노 건반 위에 오불고불 농울친다
불수레 스타카토 강렬한 악센트 갈마들며
피아노 바이올린을 힘주어 울력한다

묵근히 걸어 나오는 바이올린 피치카토
잠시 숨결 고르며 잠방거린다
불잉글 마법의 꽃너울 수놓는 사이
불폭풍 휘모리 파도보래 급류에 휘감겨
텡비인 하늘로 높다라이 부릇난다

---

* 베토벤의 〈크로이처〉.

작품 해설

생의 탐구와 민족어 완성의 길

위에 견주면 한없이 모자라고
아래에 비하면 한참 남는 장사라네
—「오묘한 삶」 전문

김 재 홍
(문학평론가 · 경희대 교수)

1. 시 또는 물음표(?)라는 화두

시인 김효중에게 시의 길이란 무엇인가? 한마디로 그것은 삶이란 무엇인가, 어떻게 사는 길이 보람 있는 일이고 가치 있는 일인지를 묻는 일에 다름 아니다. 다시 말해서 시의 주제이자 제재이고 소재인 삶이란 무엇이고 어떠해야 하며, 또한 그 주체이자 중심으로서 '나' 란 어떤 사람이며 어떻게 살아갈 것인지를 묻고 탐색하는 과정이 바로 시라는 뜻이다.

부처님[寺] 말씀[言]입니다

—「시詩는」 전문

시집 첫머리에 실린 지극히 평범한 이 한 행의 패러디 시에는 시란 무엇이고 어떠해야 하는지를 단적으로 말해 주는 내용이 담겨 있는 것으로 해석된다.

흔히 동양적인 전통, 한자 어원으로서 '詩' 란 '言+寺', 즉 절에서 쓰는 말 또는 스님들의 언어를 말하는 것으로 이해되어 왔다. 절에서 쓰는 말 또는 스님들의 말이란 무엇을 뜻하는가? 말 그대로 삶과 세계에 대한 깨달음을 절제되고 압축된 표현으로 담아낸다는 뜻이 아니겠는가? 깨달음이란 또 무엇인가? 한마디로 삶이란 무엇이고 그를 둘러싼 세계상의 본질과 현상은 과연 어떠한지를 근원적으로 성찰해서 그에 한 해답을 제시하는 것이 아니런가. 근원적, 본질적 질문으로서 화두를 깊이 있게 참구함으로써 삶의 속성은 무엇이며 세계상의 본질은 또 무엇이며 어떻게 사는 것이 바람직한 인간의 길, 가치 있는 세계인식의 길인지를 끊임없이 되묻고 천착하면서 그에 대해 하나의 해답을 얻어내는 수행의 과정이자 그한 목적에 해당하는 것이다.

따라서 이러한 인식하에서 시인이 시를 쓴다는 것, 쓰고자 한다는 것은 삶에 관해 묻는 일이고 진정한 '나' 를 찾는 일이며 가치 있는 인간의 길을 모색하는 일에 다름 아닌 것이 분명하다. 시를 생각하고 시를 쓰려는 고심참담과 노력이란 그대로 삶을 제대로 살면서 스스로 삶의 의미를 발견하고 삶의 가치를 창조해 내려는 일에 다름 아닌 까닭이다.

착각하지 마라

—「세탁소 옷걸이」 전문

이 한 줄 시는 그에 대한 예리하고 섬세한 하나의 상징에 해당한다. 세탁소 옷걸이란 무엇인가? 바로 물음표(?) 그것을 지시하는 게 아니겠는가. 진정한 삶이란 무엇이고 가치 있는 삶의 길은 무엇인가라는 화두로서 물음표(?)를 제시하면서 삶이란 끊임없는 자기 갱신과 거듭 태어남의 과정을 통해 형성되고 성숙돼 가는 것이라는 스스로의 깨침을 암시하는 내용이라고 하겠다.

2. 세계상의 모습과 삶의 탐구

따라서 시집에는 삶 또는 오늘의 사회현실과 세계상에 대한 집중적인 탐구와 모색이 제시된다. 가진 것 별로 없고 믿을 것 바이없는 세상에서 한 생명, 하나의 위태로운 실존이 감당해 나아가야 하는 세계에 대한 인식과 삶에 대한 위기의식 그리고 바람직한 삶의 길에 대한 지속적인 성찰이 제시되고 마는 것이다.

가면극의 무대라네

—「세상은 · 1」 전문

외면보살外面菩薩의 놀이터라네

—「세상은 · 2」 전문

먼저 현실 또는 세계상의 본질과 현상에 대한 자각과 그에 따른 비판과 야유가 역시 1행시로 제시돼 있다. 오늘날 우리가 살아가고 있는 현대란, 세계의 모습은 과연 어떠한가? 말 그대로 가면극이 펼쳐지는 그런 모습이 아니겠는가. 자본주의와 물질문명, 기계주의, 속물주의가 판치는 오늘날 광포한 시대란 그야말로 온갖 가면의 삶이 난무하는 그런 가면극의 무대라고 하는 인식이 제시돼 있는 셈이다. 모순과 부조리, 가식과 위선이 판치는 현실과 세계상에 대한 날카로운 풍자와 함께 그러한 불연속의 시대를 살아가고 있는, 살아갈 수밖에 없는 현대인의 불안과 실존에 대한 아픔과 슬픔이 담겨 있다는 뜻이 되겠다. 현실 세상은 가면극의 무대이고 또한 번지르르한 장식과 허장성세가 판치는 외면보살의 놀이터이기에 단절과 불안의 시대라는 불연속성의 인식이, 바로 그러한 풍자적인 내용이 되겠다.

세상살이
쉬운 듯 어렵고
어려운 듯 쉽다 하네

집착에서 벗어나면
욕망과 번뇌
아침 이슬처럼 사라지는 것을

허무의 그림자 껍질의 굴레
봄눈 녹듯 사라지니
이 세상 이렇게 어둡고 밝은 것을

—「나, 이렇게 어둡고 밝은 것을」 전문

그러므로 이러한 고단한 삶, 세상사란 "쉬운 듯 어렵고/ 어려운 듯 쉬운" 것으로서 모순성을 지닌다. 아울러 '어둡고 밝은 것' 으로서 양면성을 지니게 마련이다. 그것은 바로 "집착에서 벗어나면/ 욕망과 번뇌/ 아침 이슬처럼 사라지는 것을" 에서처럼 깨침의 길로 나아가게 될 때 그러한 삶의 미망, 세계의 질곡으로부터 자유로워지고 참삶의 실체에 근접해가게 되는 것이 당연한 이치다.

걸림돌을 디딤돌로
만드는 것이라네

—「삶은」 전문

홀로 날고 있는 저 갈매기를 보아라
어느 날 무리 속에 몸을 숨겨
눈에 띄지 않는다 하여
꿈을 접은 것은 아니러니

갈매기는 알리라
그의 천적이 우글거리는
하늘을 혼자 날다가는
꿈을 이루기도 전에
스러지고 말리라는 것을

사노라면
삶의 냉혹한 순환
어쩔 수 없는 때가 있거니
강한 것이 살아남는 것이 아니라
끝까지 살아남는 것이 강한 것이러니

—「살아남는 것에 대하여」 부분

달리 말해 삶이란 어차피 고통스럽고 허망한 것이기에 끊임없이 부닥쳐 오는 온갖 좌절과 고통, 허무와 절망을 이겨내면서 그것을 희망과 용기로 바꾸어 가면서 끝까지 살아남는 것이 중요하다는 뜻이다. "강한 것이 살아남는 것이 아니라/ 끝까지 살아남는 것이 강한 것"이라는 깨침에는 바로 그러한 고난과 극복의 과정, 절망을 희망으로 바꾸어 가면서 끝까지 살아남으려는 치열한 노력 속에서 삶의 의미와 가치가 현현된다는 시적 인식이 담겨 있다고 하겠다.

이렇게 보면 김 시인이 추구하는 참삶이란 끊임없는 사색과 탐구의 길이며, 동시에 고난과 절망에서 희망과 용기로 나아가려는 극복의 길이고, 아울러 깨달음과 그 실천으로 나아가려는 지혜의 길, 구원의 길임을 확인하게 된다.

3. 사랑과 나눔의 길을 향하여

이 점에서 시집에는 참 삶의 본도로서 진정한 사랑의 길, 나눔과 베풂으로서 실천의 길이 제시된다. 사랑으로서 나눔과 베풂이야말로 인간이 인간다워질 수 있고 마침내 하느님의 나라 영성靈性으로 다가갈 수 있는 길임을 강조하고 있는 것이다.

> 파가니니 가슴 현악기가 토해 내는
> 신음의 꽃마음
> 비자니는 꽃잎알 한 자락에 실려와
> 아리도록 속가슴을 파고든다
> 밝은 사랑은
> 어둔 사랑도
>
> 만남 그 물소용돌이 설렘
> 몸의 탁류濁流를 말갛게 씻어 올리는데
> 숨 들이켜면 하늘가락
> 온몸에 흘러들어
> 어릴 적 바닷가 햇밭에 출렁이는
> 하이얀 모래알 나실나실
>
> 밤하늘 애연한 별떨기 쏟아지는데
> 사모의 격정 담은 꽃보라 와르르
> 아름아름 눈물샘 타고 화려하게 꽃힌다
> 웃음 울음 함께 안겨 주는

이루지 못한 사랑은
아리아리 꿈속에서 멀어라

—「화살, 그리움을 쏘다」 전문

시인에게 사랑은 어떤 모습으로 다가오는가? 그것 역시 삶이 그러하듯이 양면성, 모순성으로 인식된다. "아리도록 속가슴을 파고든다/ 밝은 사랑은/ 어둔 사랑도"라는 모순어법의 구절 속에는 그러한 사랑의 밝고 어두운 면, 즉 양면성, 모순성이 담겨 있는 것이다. 누가 사랑의 서양어 어원을 amor, 즉 죽음을 거부하는 생명의 몸부림이라고 풀이했던가? 사랑에는 원초적으로 삶을 삶답게 살려는 치열한 몸부림으로서 생명의 근원적 속성이 자리하고 있는 것이다.

생명이 바로 생성과 소멸, 밝음과 어둠, 기쁨과 슬픔이라는 영원한 양면성 · 모순성 속에 가로놓여 있는 것이기에 사랑도 그럴 수밖에 없을 것은 자명한 이치다. "웃음 울음 함께 안겨주는/ 이루지 못한 사랑"이란 바로 그러한 생명과 사랑의 모순성, 양면성이라는 근원적 속성을 통찰한 것이 아닐 수 없다. 실상 파가니니의 〈사랑의 이중주〉를 노래한 이 시가 바로 그러한 사랑의 화살, 즉 그리움이 삶의 핵심 동력이고 시의 견인력이 된다는 사실을 잘 말해 주는 것으로 해석됨은 물론이다.

① 마음의 문을 열었다
닫았다 하는 열쇠라네

—「풋사랑은」 전문

② 깨어진 그릇
에도
담을 수 있다네

—「사랑은」 전문

이 두 편의 단시에는 사랑의 또 다른 본성이 제시돼 있어 관심을 환기한다. 먼저 그것은 시 ①에서 보듯이 사랑이야말로 사람의 몸과 마음을 지배하고 삶을 운행하는 근본원리가 된다는 점을 말해 준다. "마음의 문을 열었다/ 닫았다 하는 열쇠"라는 잠언적인 구절 속에는 그러한 사랑의 근본 속성과 삶의 원리가 반영돼 있는 것으로 해석되기 때문이다.

시 ②도 마찬가지다. 사랑은 존재Sein가 아니라 당위Sollen이며, 완성 개념이 아니라 진행 개념, 형성 개념임을 강조한다. 그리고 그것은 생의 모든 결핍을 채워 주고 상처를 낫게 해 주는 것이며 그러기에 사랑 앞에서 모든 사람은 평등한 것이고 또 마땅히 평등해야만 한다는 뜻이다. 마치 생명 앞에서 모든 사람이 평등하듯이…….

바로 여기에서 진정한 나눔의 철학, 베풂의 정신이 사랑의 또 다른 속성이자 이상적인 모습으로 제시된다.

— 가장 보잘것없는 이에게 하는 것이
나에게 하는 것이다 —

헐벗은 땅을 지킨 고르로운 죽음이여

한센인들 흘린 눈물 꽃몽울로 피어나고
브라스밴드 아이들 합주 해여울로 일렁이니
영성의 불 지펴 마음의 맑은 눈 뜨네

말보다 손 주고 손이 못다 한 말 몸으로 사루고
이승의 인연 의초롭게 나누면서
사랑하는 마음이 더듬어간 하늘의 문
하느님의 내해內海 초록 영혼 별로 떠오르네

—「사람이 사람의 꽃이 되어」 전문

사랑의 완성된 모습은 과연 어떤 것일까? 단지 자기 앞의 삶을 위한 개인적 사랑의 실현만이 바람직한 사랑의 모습일 것인가? 아니다! 시인은 그러한 바람직한 사랑, 사랑의 이상적인 모습은 바로 나누는 삶, 베푸는 삶에서 찾고자 한다. 희생적, 헌신적인 아프리카 선교봉사로서 일생을 마감한 고 이태석 신부의 슬프면서도 아름다운 삶을 통해 시인은 참사랑의 길, 이상적인 사랑의 철학을 제시하고 있는 것이다.

그것은 말 그대로 나눔과 베풂, 헌신과 봉사로서 사랑의 실천을 의미한다. 불교에서는 자기만의 삶을 범부 즉 세간 살이라 하고, 나아가 사회적인 나눔의 삶을 나한 즉 출세간이라 일컫지 않던가. 다시 더 나아가 나와 남이 구별 없이 하나 되어 깨침을 완성하는 보살행, 즉 출출세간의 삶 · 사랑을 가장 이상적인 삶과 사랑의 완성태로 생각하지 않던가.

바로 이태석 신부의 봉사와 헌신, 나눔과 베풂은 이러한 불교적 보살도의 수행 또는 기독교적 사랑의 실천으로서 이상적인 사랑의 바람직한 모습이라고 시인은 스스로 묻고 강조하고 있는 것이다. 그런데 여기에서 그러한 완성된 사랑, 이상적인 사랑은 바로 "영성의 불 지펴 마음의 맑은 눈 뜨네// (…중략…)/ 사랑하는 마음이 더듬어간 하늘의 문/ 하느님의 내해內海 초록 영혼 별로 떠오르네"라는 구절로 압축 요약된다. 다시 말해 사랑의 완성은 개인의 깨침에서 사회적 나눔과 베풂으로 나아가고, 다시 영성靈性으로 고양됨으로써 하느님의 나라에 도달하게 된다는 완성되는 모습을 보여 주는 확신을 제시하고 있는 것이다. 인간적, 세속적 사랑이 사회적 각성과 실천으로 나아가고 다시 영성을 획득함으로써 그 이상적 경지에 도달할 수 있다는 깨침을 보여 준 것이라 할 수 있으리라.

4. 예술시, 세계일화世界一花 사상을 향하여

첫 시집 『시보다 아름다운 꽃 어디 있으랴』에서 이번 시집까지 지속되고 있는 중요한 특징의 하나는 시인의 관심이 예술적인 세계의 탐구와 그에 대한 동경과 지향으로 집중되고 있다는 점이다. 그것은 음악시와 미술시, 즉 예술시로서 형상화되고 구체화된다.

① 바르샤바 찌푸린 하늘에
산맥은 와들와들 몸을 떨고

진눈깨비 소용돌이 휘몰아치네
마른나무 가지에선 까마귀 까악까악
빈 들판엔 폭풍우 쏟아져 내리고
하늘과 땅이 흐드긴다

고향에 두고 온 부모님 얼굴
어둡고 아픈 눈에 울음꽃 어룽어룽
나라 잃은 분노 타국에서 으릇함만
오선지 위에 슬픗 녹아내린다
피아노 건반을 부수는 울부짖음
한 줄기 열정으로 승화되었네

조국의 별 폴란드 핏줄 사랑
평생 품고 다닌 한 줌의 흙은
아버지의 나라 그 무덤 위에 뿌려졌네
'피아노의 시인' 쇼팽을 찾는
비바람에 젖은 여인들의 예든 길에
뜨거운 열꽃 폭풍우만 가슴을 타 내린다

—「조국의 별 가슴에 묻고」 전문

② 빛슬픈 주머니 꽃잎알 켜켜이 쌓여
깊깔은 속품에서 비금차게 솟음친다
속가슴살 찢는 아픔 영혼의 은하동굴에서
기쁨꽃 되어 햇살로 피어난다

빛그물 엉켜 올려지는 샹그릴라
온갖 생명줄 합성보라 의초롭게 읍저리니
문화 관습이 달라 냉혹히 갈레지지만

너는 세상을 형제애 하나로 묶는 혼의 등불

물오른 빛샘물 아다지오로 솟음치면서
상글한 시향詩香 함함이 피어오른다
꽃가락 춤사위 힘스레 걸어 나오니
오, 인류를 향한 불후의 대서사시大敍事詩런가

불폭풍 악상樂想이 깜장 벽공을 깨뜨리고
깊이를 알 수 없는 파도보래 일렁흔들
천품한 바리톤 오케스트라 아우름 속에
환희의 송가 온 하늘에 불비늘 뿜어낸다

—「세계일음世界一音」 전문

이 두 편의 시는 예술시로서 김효중 음악시의 특성을 잘 보여 준다.

먼저 시 ①은 피아노의 시인으로 회자되는 쇼팽과 그의 피아노 협주곡을 노래한다. 시와 음악의 연결 고리를 쇼팽으로 상정하고 그의 음악 속에 쇼팽의 사랑과 열정, 가족애와 조국·민족애를 결합해냄으로써 음악이 생명사랑, 인간사랑, 나라사랑, 예술사랑의 총화임을 단적으로 제시한다. 특히 "조국의 별 폴란드 핏줄 사랑/ 평생 품고 다닌 한 줌의 흙은/ 아버지의 나라 그 무덤 위에 뿌려졌네"라는 구절 속에는 이러한 쇼팽의 혈육애, 조국애, 민족애 그리고 시혼과 예술사랑의 정신이 모두 하나로 집약되고 귀일됨으로써 그야말로 음악이 인간애, 인류애로 나아갈 수 있는 지름길임을 암시하고 있다. 사실 훌륭한 음악이란 그 음악가 예술정신의 에센스이자 민족의 자산, 나아가 인류의 정신적 문화재로서 의미를 지니는 것이 아니겠는가? 시인은 쇼팽과 그의 음악을 노래함으로써 예술이 궁극적으로 생명사랑과 인간사랑의 길이고 자유사랑, 평화사랑의 길임을 제시하고 있는 것이다. 말 그대로 음악이란 인류 공통의 언어이기에 이를 통해서 인간은, 세계인은 하나가 되는 것이다.

시 ②에는 이러한 예술시가 지니는 의미, 지향하는 정신의 가치 덕목이 더욱 구체적으로 나타난다. 베토벤의 〈합창〉 교향곡을 노래한 이 시에는 음악이 인간의 아픔과 기쁨, 슬픔과 절망, 희망을 노래하는 혼의 등불이면서 동시에 인류애를 향한 불후의 대서사시라는 시적 인식이 제시돼 있다. 아울러 음악사랑, 예술사랑이야말로 생명사랑, 인간사랑, 예술사랑으로 열린 길이고, 인류사랑과 인간구원을 향해 나아가려는 혼의 등불이라는 점을 확실하게 보여 주고 있는 것이다.

사실 「세계일음世界一音」이라는 시의 제목에는 음악을 통해 인간과 인간이 연결되고 나라와 나라, 인종과 인종, 종교와 종교가 화합하고 교감을 이루어 갈 수 있을 것이라는 인식이 담겨 있는 것으로 이해되기 때문이다. 낱낱의 삶, 저마다의 사람들은 인류 보편 언어인 위대한 음악을 통해서 인간이라는 인류사적 휴머니즘과 생명애를 깨닫고 이해하며 마침내 화합과 교감을 이루어 갈 것이라는 신념이 제시된 것이다. 그러기에 세계일화世界一花로서 세계일음世界一音의 세계가 비롯되고 완성돼 갈 수 있을 것이 자명한 이치가 아니겠는가?

이러한 음악시의 세계일음의 인간애, 인류애 정신은 그대로 회화시에도 지속되어 나타난다.

① 너의 앵두가슴 꽃몽오리
너만의 향맑음 꽃무늬 하나 되어
풋마음으로 날 감든다

너의 신비로움에 시간은 멈추고
떠가는 구름도 길을 잃는다
거룩한 성자가 흘리는 피의 물보래

—「세계일화世界一花, 장미에게」 전문

② 라파엘 가슴밭에 슴배인
고르로운 여인상
성모님 마음 하늘로
떠나가는 꽃마음 돛배

지옥세상 눈물눈물
삶의 무놀 봉머리로 솟쳐도
하늘 등불 밝혀 가니
영혼의 생기가 빛여울친다

—「세계일화世界一畵」 전문

③ 지평선 너머 저녁살 사라지는 들녘에서
시름진 부부 고개 숙여 땅에게 기도하네
아름찬 추수 후의 흔들리는 고요와 평온
그 저편에 슬픈 이야기 아르대는데

피疲로운 땀몸 그 영혼 깊으메라
아스무리 교회당 저 멀리 감도는 경건의 너울
꿈 희망 유토피아를 기루던 바로 거기
씨감자 심어 놓고 한겨울을 버텨 봄을 기다려 온 두 사람

바구니 속 함초롬히 담긴 감자씨 밭일 도구들
그 안에 든 건 사랑꽃 아기의 싸늘한 주검
아기는 배고픔의 고랑 속에 죽음을 이기지 못했네
경경열열 부모의 속울음 바닷물로 넘쳐흐르는데

—「슬픈 이야기 아르대는데」 전문

인용시 ①은 장미꽃 하나가 바로 세계일화世界一花로서 예술사랑, 생명사랑, 인간사랑, 인류사랑의 길로 열린 아름다운 상징이라는 점을 제시한다.

아울러 라파엘의 〈시스틴 성모〉를 노래한 시 ②도 위대한 회화, 예술작품이 인류구원의 길로 나아가는 첩경임을 말해준다. 특히 시 ③은 밀레의 〈만종〉을 통해서 예술이 하늘과 땅, 인간과 신神에 경배하는 일이며 동시에 정신의 구원과 유토피아로서 인류의 이상을 향해 나아가려는 노력이자 소망임을 분명히 해 주고 있는 것이 된다. 시인이 표면적으로 노래하는 것은 미술작품이고 화가지만, 궁극적으로 말하고자 하는 것은 그러한 예술적 고뇌와 열정이 바로 생명사랑, 인간사랑, 인류사랑으로 나아가는 길이고 그를 향해 나아가야 한다는 뜻을 제시한 데서 이들 예술시들의 의미가 놓이는 것으로 해석된다. 다만 이러한 형상화 작업이 좀 더 빈부귀천, 남녀노소, 동서남북 등 모든 차별 없는 구체적인 삶의 국면들과

실천적으로 맞부딪치고 깊어짐으로써 더욱 완숙된 모습으로 나아가야 할 것이라는 점을 시인은 유념해야 하리라.

5. 맺음말, 시어 발굴 또는 민족어 완성을 향하여

김효중 시집에서 가장 인상적인 것은 시인이 꾸준하고 성실하게 시어를 갈고닦으려는 노력을 지속적으로 보여 준다는 점이다. 조어, 개인 시어를 만들어 쓰는 창의적 노력과 함께 고어, 방언 등 잠자고 있는 쓸 만한 말들을 적극 시어 발굴하여 활용하고 있다는 사실이 그것이다.

물방울 얼음고개
숨 가쁘게 펼쳐지는 크로이처 눈보라
피아노 건반 위에 오불고불 농울친다
불수레 스타카토 강렬한 악센트 갈마들며
피아노 바이올린을 힘주어 울력한다

묵근히 걸어 나오는 바이올린 피치카토
잠시 숨결 고르며 잠방거린다
불잉글 마법의 꽃너울 수놓는 사이
불폭풍 휘모리 파도보래 급류에 휘감겨
텡비인 하늘로 높다라이 부릇난다

—「불잉글 마법의 꽃너울 수놓고」 전문

— 아리랑 아리랑 아라리오

비가 올라나 눈이 올라나 억수장마 질라나 —

아드막하여라 아랑 아랑 아리랑
진도 밀양 정선 아우라지 아리랑 길
(…중략…)

아낙네 기둘림 호미자루
굽이굽이 한恨바다 먹장가슴에
웅얼댕이 댕이댕이 박혔네
아리아리랑 스리스리랑 아라리오

—「아리랑 웅얼댕이」 부분

인용시만 해도 그렇지 아니한가? '얼음고개/불잉글/불수레/불폭풍/파도보래/꽃너울/웅얼댕이/먹창가슴/한바다/기둘림/아우라지' 등 명사와 '농을 치다/갈마들다/울력한다/잠방거린다/부릇난다/아드막하여라' 라는 서술어 등 비교적 잘 쓰이지 않는 말들을 찾아내서 맛깔스럽게 다듬어 내고 있는 것이다. 아울러 '오불고불/텡비인/높다라이/댕이댕이' 등 부사어도 인상적인 모습이다.

또한 전체 시집을 살펴보면 이러한 개성적이며 신선한 시어들이 일일이 꼽아보기 어려운 정도로 다수 활용되고 있음을 본다.

빛그물, 색바람결, 물결무늬, 빛샘물, 밀물이랑, 파도보라, 꽃보라, 꽃숭어리, 꽃가락, 꽃마음, 불비늘, 저녁살, 얼음아픔, 꽃잎알, 별바람……

해정한, 흐던한, 애호운, 상글한, 흐무진, 애저린, 상그러운, 슴배인, 애연한, 아름슬픈, 빛슬픈, 흐벅한, 버금찬, 고르로 운……

나실나실, 사물사물, 아득아득, 흠뭇넉넉, 이엄이엄, 즈런즈런, 모람모람, 눈물눈물, 세월세월, 아긋아긋, 일렁흔들, 오불고불, 아름아름, 잽시빨니……

아르대다, 비자니다, 부릇나다, 흐덕이다, 섬홀하다, 산들하다, 향초롭다, 상깃하다, 사픗하다, 음삼하다, 버금차다, 읍저리다, 의초롭다……

그렇다면 이러한 김 시인의 시어 찾아내기 또는 시어 갈고닦기란 무슨 의미를 지니는 것일까? 실상 시인에게 있어 새로운 시어를 창조하거나 발굴해서 다양하고 깊이 있게 활용하는 것은 시의 발전과 모국어의 진전을 위해서 매우 중요한 일일 뿐만 아니라 당위적인 일이기까지 하다. 서정주나 백석의 시어 발굴이 그 소중한 예가 되는 것처럼 말이다. 한 나라 민족에게 있어 국어는 민족적 생존권의 표상이자 민족적 주권을 확립하는 일이고, 나아가서 민족혼을 지키고 살려가는 길이 아닐 수 없다. 그러기에 하이데거도 시인의 궁극적인 사명이 바로 민족어를 완성하는 길에 놓인다고 강조하지 않았던가!

그렇다! 시를 잘 쓰는 일도, 뛰어난 시인이 되는 일도 모두 다 이러한 민족어로서 국어를 절차탁마, 정성 들여 갈고닦음으로써 민족어문생활을 향상시키고 민족문화의 수준을 고양시켜 나아가지 않으면 안 된다. 이런 점에서 김 시인의 시어 발굴과 개신의 노력은 충분히 의미와 가치가 있음이 분명하다.

기왕이면 앞으로 더욱 적극적으로 옛말, 지역 말은 물론 상징, 비유어, 그리고 창의적인 개인 시어를 만들어 활용해 나아감으로써 한국시와 한국어의 양과 질을 한 단계 높여 예술어로 상승시켜 가기를 당부한다. 아울러 식물사전, 광물사전, 동물·곤충사전 등 전문 사전류도 적극 찾아서 시어의 경역을 넓혀 감으로써 시인 스스로의 정신세계, 사유의 차원도 한층 확대하고 심화해 나아갈 것을 기대하고 희망한다.

시인 김효중 金涍中

충남 부여 출생
서울대학교 문리과대학 국어국문학과 졸업
영남대학교 대학원에서 문학박사 학위 취득
2009년 『시와시학』으로 시인 등단
대구가톨릭대학교 국어국문학과 교수 정년퇴임
현재 대구가톨릭대학교 명예교수
저서로 『박용철의 하이네 시 번역과 수용에 관한 연구』(문광부 우수도서), 『한국비교문학의 현장』, 『한국현대시연구』, 『번역학』(대우학술총서), 『한국 현대시의 비교문학적 연구』, 『현대시의 이론과 비평』, 『새로운 번역을 위한 패러다임』(학술원 우수도서), 『글로벌 시대의 한국문학』, 『한국문학의 세계화 전략』 등이 있음

E-mail : glarakim70@hanmail.net

화살, 그리움을 쏘다

지은이 | 김효중
펴낸이 | 김재돈
펴낸곳 | 도서출판 시와시학
1판1쇄 | 2011년 9월 30일
출판등록 | 2010년 8월 10일
등록번호 | 제2010-000036호
주소 | 서울 종로구 명륜동1가 42
전화 | 744-0110
FAX | 3672-2674

값 8,000원

ISBN 978-89-94889-17-7 03810